VIE ET MORT

DE

MONSEIGNEUR AFFRE,

Archevêque de Paris.

Propriété.

LYON. — IMPRIMERIE DE GUYOT,
Hôtel de la Monéanterie, rue et cour de l'Archevêché.

VIE ET MORT

DE

Monseigneur AFFRE,

ARCHEVÊQUE DE PARIS.

Avec des détails complètement inédits
jusqu'à ce jour.

PAR UN CATHOLIQUE LYONNAIS.

Bonus pastor dat vitam suam pro ovibus suis.

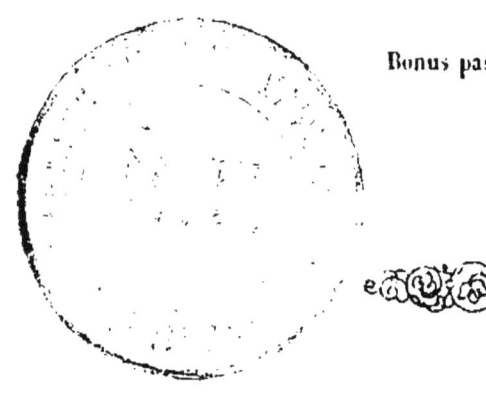

LYON,

GUYOT FRÈRES, IMPRIMEURS-LIBRAIRES,

Hôtel de la Manécanterie, rue et cour de l'Archevêché;

MÊME MAISON DE DÉTAIL, GRANDE RUE MERCIÈRE, 59.

Paris. — MELLIER Frères, LIBRAIRES,

Place St-André-des-Arts, 11.

1848.

AVANT-PROPOS.

Il y a cinq mois à peine, le nom de Mgr. Affre n'était guère connu que des pauvres qu'il soulageait, des prêtres que sa vaste science éclairait sur les matières théologiques, des fidèles de son diocèse qu'il administrait avec une sollicitude modeste, et par dessus tout de ses amis qu'il ravissait par la réunion de toutes les qualités les plus aimables.

La révolution de Février éclate ; les évènements se précipitent ; une lutte homicides s'engage dans les rues de Paris, et le sang le plus pur de France est versé par des mains françaises.

Au milieu de cet horrible carnage, un

homme s'avance précédé du rameau d'olivier, et portant sur son front la résignation sublime d'un sacrifice accepté aux pieds du crucifix. Il vient apprendre aux masses égarées qui meurent pour le triomphe du désordre, comment on meurt pour la religion et la paix.

Frappé d'une balle impie, il tombe en murmurant ces paroles qu'il répète pendant deux jours d'agonie : *Que mon sang soit le dernier versé.* A la nouvelle de sa mort, Paris s'émeut, et trouve de nouvelles larmes pour cette nouvelle douleur.

La France se recueille dans une admiration pleine de tristesse, et quand le martyr a vécu, quand sur le passage de son convoi tous se précipitent : soldats, femmes, enfants, vieillards, et les incrédules, et les indifférents de la veille convertis du jour, l'histoire se hâte d'enregistrer pour l'enseignement du monde, les traits épars d'une sainte vie, et de buriner pour l'éternité la noble figure du martyrs!

Disons donc ce que fut Mgr Affre : son enfance, sa jeunesse, les signes avant-coureurs de sa haute destinée, ses premiers succès dans la carrière sacerdotale, le bien qu'il a fait dans plusieurs diocèses, et enfin l'épopée chrétienne de ses derniers jours, grande et noble tâche que nous essaierons de remplir en racontant avec simplicité ce qui n'a pas besoin du prestige des phrases ! Si beaucoup peuvent nous lire, et en nous lisant, se fortifier dans l'amour d'un foi qui peut créer de pareilles natures et inspirer de pareils sacrifices, c'est assez pour notre récompense et nous sommes trop payés

VIE ET MORT
DE MGR AFFRE,

Archevêque de Paris.

CHAPITRE PREMIER.

Enfance et jeunesse de Mgr. Affre.

Il existe dans le midi de la France une contrée montagneuse, où la foi s'est conservée pure et forte, au milieu des grandes scènes de la nature, des montagnes volcaniques, des fraîches vallées et des empreintes ineffaçables qu'y a laissées le christianisme dans les mœurs, les traditions, les chants populaires et le souvenir des ancêtres. Avant la révolution de 89, c'était le Rouergue ; aujourd'hui elle forme le département de l'Aveyron, un des plus étendus de nos départements. Mgr. Affre est un de ses enfants ; il est né le 28 septembre 1793, à St-Rome-du-Tarn, d'une famille ancienne et honorable, alliée aux Frayssinous et aux Clausel de Coussergues.

On a fait la remarque que la vie de Mgr. Affre embrassait toute la période qui s'écoule entre la révolution impie de 93 et la régénération consolante de 1848, comme si Dieu eut voulu marquer par la vie d'un de ses saints le moment où commence sa colère et où sa main fatiguée de punir, laisse échapper des trésors de miséricorde.

Le jeune Affre passa ses premières années dans la maison paternelle, et apprit sur les genoux de sa mère cette foi catholique que la France proscrivait alors au nom de la liberté.

Vinrent ensuite les jours plus sereins du Consulat; Bonaparte avait senti la nécessité de r'ouvrir les temples. Un pieux ecclésiastique revenu de l'émigration avait fondé à St-Affrique un collége pour l'éducation de la jeunesse; le futur archevêque de Paris, alors âgé de 8 ans, y fut envoyé, et pendant 6 ans y fit de rapides progrès dans l'étude des langues et de la littérature : sa vocation se décidait déjà à cette époque. Il aimait les cérémonies religieuses, la pompe des offices, la splendeur de la liturgie; il s'attendrissait aux solennités mystiques de la foi ; son âme tendre et sérieuse en saisissait toutes les beautés morales et philosophiques, et dès l'âge de 14 ans il voulut se préparer aux fonctions du sacerdoce par l'étude approfondie des hautes sciences théologiques. Un de ses oncles maternels avait dirigé le séminaire de St-Sulpice à Paris : c'était le vénérable M. Boyer qui a laissé tant de regrets à l'Eglise de France et tant de disciples illustres. Le jeune lévite y vint en 1807 pour faire son cours de philosophie. Là comme à St-Affrique il se fit remarquer par son intelligence, son application, et son goût tout particulier pour les graves enseignements de la science, de préférence aux joies plus légères de la littérature. La maison de St-Sulpice avait alors pour directeur M. Emery que Napoléon honorait d'une estime toute particulière. Il devina tout ce qu'il y avait d'avenir chez le séminariste de 14 ans et l'entoura des soins les plus affectueux. Ces soins furent largement payés en reconnaissance, disons plus : la vie et la mort sublime de Mgr Affre sont la plus douce récompense qu'il ait pu donner à son ancien supérieur.

On était en 1812. Napoléon avait déjà saisi

le temporel des papes, bravé l'excommunication de Pie VII et commencé contre l'Eglise sa malheureuse campagne, en même temps qu'il en allait commencer une autre non moins triste contre la Russie. Mais avant de partir il voulait briser en France toute résistance morale ou physique à son despotisme. La presse n'existait plus que dans le *Moniteur* officiel; un prétendu sénat rendait de prétendues lois, comme un greffier qui enregistre des arrêts. Tout faisait silence autour du trône. Seulement quelques vieillards, des prêtres courageux, des fidèles endurcis aux luttes soutenues pour la foi, protestaient contre l'immixtion du despotisme impérial dans les choses de Dieu. Les supérieurs de Saint-Sulpice en particulier étaient reconnus comme gardant au fond de leur cœur et enseignant à leurs élèves en même temps que l'obéissance aux pouvoirs de la terre, dans les choses qui touchent à la terre, l'obéissance aux pouvoirs établis par Dieu dans les choses de Dieu. Napoléon les frappa; la Congrégation fut dissoute, et d'autres ecclésiastiques vinrent les remplacer. C'étaient pour la plupart d'anciens élèves de la sainte maison. M. Affre continua ses études, sous cette nouvelle direction, avec le même zèle et le même progrès. Il les terminait en 1815 à la chute définitive de l'empire. Dieu s'était vengé. L'homme du destin, celui qui avait campé dans toutes les capitales, le distributeur d'empires, était tombé. Le monde entier respirait. Les peuples longtemps opprimés, les soldats qu'il fascinait de son regard, les écrivains qu'il bâillonnait, l'Eglise qu'il voulait règlementer, comme on règlemente un régiment ; tous se promettaient enfin quelques jours de paix et de liberté. Il ne restait plus du grand Napoléon que des souvenirs glorieux ; et à Ste-Hélène, au milieu de l'Atlantique, à deux pas d'un habit rouge en sentinelle, pour les peuples comme pour les rois, un enseignement terrible.

La religion pansait ses blessures, recrutait ses disciples et envoyait pour former de nouveaux lévites les vétérans de ses grandes guerres de 93, et les plus dignes d'entre leurs premiers nés. Mgr Affre ne pouvait être oublié dans ce partage des emplois et des missions évangéliques. Par ses études sérieuses, la maturité précoce de son esprit, sa vaste érudition, il semblait naturellement appelé à professer la philosophie, et on l'envoya dans ce but au séminaire de Nantes, alors qu'il avait à peine 23 ans; ses anciens élèves gardent encore le souvenir de son enseignement plein de charmes, et du talent tout particulier, avec lequel il savait rendre agréable et fructueuse l'initiation aux principes sévères de la logique et de la théodicée. Nous le retrouvons bientôt à Paris, se préparant à recevoir la consécration des derniers ordres, et en attendant, toujours occupé de ses études, toujours actif à la recherche de la vérité philosophique, intimement unie au christianisme et complétée par lui. Enfin, il fut ordonné prêtre, et prêta au pied des autels, ce serment d'obéissance, de charité et de dévouement qu'il devait si héroïquement remplir à la face de tout Paris, sur les barricades de juin.

CHAPITRE II.

Suite la vie de de M. Affre, jusqu'à sa nomination à la coadjutorerie de Strasbourg.

Une fois ordonné prêtre, M. Affre fut réclamé par plusieurs évêques, jaloux de s'attacher un talent qui donnait de si belles espérances. Il eut quelque temps l'envie de retourner dans son département natal, et puis bientôt, cédant aux instances de l'évêque de Luçon, il fut nommé chanoine et grand-vicaire de ce diocèse, d'où il passa au bout de 2 ans au diocèse d'Amiens en qualité de grand-vicaire. Là comme dans presque toute la France, une vaste carrière s'ouvrait à son zèle. La révolution y avait détruit presque tous les établissement pieux. Le clergé s'y recrutait avec peine. Les édifices consacrés au culte, profanés et mutilés par le vandalisme de 93, tombaient en ruines de toutes parts ; la discipline ecclésiastique était relâchée. Plus de ces réunions centrales où la foi des pasteurs se raffermit et s'éclaire dans la communion des bonnes pensées, des enseignements théologiques. Le nouveau grand-vicaire multiplia ses efforts pour changer cet état de choses. Il s'appliqua d'abord à encourager les vocations au sacerdoce, en fondant des séminaires et des bourses pour les élèves pauvres. Bientôt de nombreux lévites affluèrent à l'ombre des autels, sous la direction habile de professeurs agrégés à la congrégation de St-Sulpice. La religion fut consolée dans la douce certitude de la perpétuité de ses ministres. C'était peu de former des prêtres, il fallait les réunir et les éclairer dans l'unité de l'enseignement catholique. Déjà dans beaucoup de diocèses, les évêques s'efforçaient d'arriver à ce résultat par des conférences hebdomadaires fondées dans chaque canton sous la présidence du curé. Là se débattait pacifiquement entre confrères les graves questions liturgiques et canoniques, les problèmes de la philosophie fécondée par la révélation; là on s'encourageait au bien, on se consolait des peines particulières. M. Affre se hâta d'établir ces conférences et en vit surgir de merveilleux effets. Tout le diocèse salua avec bonheur le jeune grand-vicaire et son intelligente administration. Aux conférences hebdomadaires vinrent s'adjoindre les retraites annuelles, où près de 600 prêtres venaient retremper leur zèle dans la méditation et la prière. Tout allait comme on le voit au même but : perpétuer le sacerdoce et le préparer pour les saints combats de la foi.

Le spirituel du diocèse ainsi raffermi, M. Affre tourna ses soins du côté du temporel. La foi réveillée demandait des asiles dignes de la majesté de ses cérémonies, des logements convenables pour les pasteurs des âmes, des retraites pour leur vieillesse et leurs infirmités. M. Affre pourvut à tout cela. Il entreprit une tournée générale dans laquelle il visita en différentes fois toutes les églises du diocèse, s'enquérant des réparations urgentes, des constructions indispensables, et puisant les fonds nécessaires à cela dans la triple bourse des particuliers, des communes et du trésor public. Les presbytères furent également réédifiés ou embellis avec décence. Les vétérans du sacerdoce ne furent plus exposés à demander leur vie aux secours intermittents de la charité ; les instituteurs eux-mêmes, cette classe intéressante et dédaignée, se virent l'objet des soins de l'administration diocésaine. Les parents d'une part étaient quotidiennement encouragés à envoyer leurs enfants aux écoles publiques ; de l'autre, M. Affre traçait pour leurs maîtres un exposé des droits et des devoirs, sous le titre de *Manuel des Instituteurs*. Ce traité clair, précis, méthodique, portait à la fois le cachet de l'administrateur savant et du philosophe chrétien. Nous l'avons en effet déjà dit, M. Affre brillait principalement sous ces deux rapports. L'administrateur se retrouve avec toutes ses qualités dans le *Traité de l'Administration temporelle des paroisses*, qui forme encore aujourd'hui le traité le plus complet sur cette matière. Toutes les difficultés possibles avec les maires, les conseils municipaux, les conseils généraux et les conseils de préfecture s'y trouvent prévues et tranchées dans un esprit remarquable de conciliation. Ce livre attira l'attention du gouvernement sur son auteur. Mgr Frayssinous était alors ministre de l'instruction publique. C'était le temps où la Restauration voulait à tout prix consolider l'alliance du trône et de l'autel. La cour abondait dans ce sens et se rappelait qu'aux mauvais jours de 93 la religion avait été attaquée surtout comme solidaire de la monarchie aux yeux des démocrates. Mgr Frayssinous avait proposé un plan merveilleusement propre selon lui à fortifier la religion dans ses rapports avec le temporel et à lui donner une part d'influence légitime, en même temps qu'il consolidait son indépendance. C'était de former dans le Conseil-d'Etat un comité spécial, dit Comité ecclésiastique, destiné à prononcer sur le contentieux des fabriques et sur toutes les difficultés financières inséparables des rapports de l'administration ecclésiastique avec l'administration civile. Dans ce comité devait naturellement entrer le jeune auteur des livres dont nous avons parlé.

La presse dite libérale s'émut à la nouvelle du projet. De violentes diatribes parurent chaque jour dans les journaux. On criait à l'envahissement du clergé dans les affaires politiques ; on accusait la bigoterie de la cour, la connivence coupable du ministère ; on montrait dans un avenir prochain la résurrection de tous ces fantômes menaçants, à l'aide desquels on est toujours sûr d'effrayer des masses crédules : *la dîme et la main-morte.* Devant ce concert de calomnies habilement ourdies, le ministre de l'intérieur, M. de Corbière, fut effrayé ; Mgr d'Hermopolis ajourna l'exécution de son projet. M. Affre ne se doutait seulement pas de l'honneur qu'on avait voulu lui faire ; il poursuivait tranquillement les travaux de sa laborieuse administration, et retournait aussi souvent que possible à l'étude de ses sciences de prédilection. Ce fut à cette époque que parurent deux de ses nouveaux ouvrages : *Essai sur la suprématie temporelle des papes*, dans lequel M. Affre se montrait avec mesure et sagesse, gallican comme Bossuet et les prélats illustres du 17e siècle ; *Analyse de la critique de Klaporth sur le système de M. Champollion*. On admira dans ce dernier opuscule la variété des connaissances, la sagacité et la sûreté du goût du grand-vicaire que M. Champollion, à coup sûr, n'aurait pas soupçonné capable de discuter ses travaux sur l'ancienne Egypte.

La révolution de juillet arriva. La monarchie de la branche aînée fut emportée dans la tempête qu'avaient soulevée les passions libérales et anti-catholiques, qu'avaient provoquée des ordonnances destructives du pacte juré. On se rappelle quel déchaînement on vit alors contre le clergé, les fureurs de l'impiété, la dévastation des églises en beaucoup d'endroits, la profanation des cérémonies, le bris des croix, les menaces et les insultes prodiguées aux ministres de la religion. C'était un moment difficile pour les administrateurs des diocèses. Il fallait concilier beaucoup d'exigences, prévenir beaucoup de conflits, comprimer le zèle d'une part, ôter de l'autre tout prétexte à l'intervention tyrannique du pouvoir aux aguets, conserver les réformes déjà faites, en préparer d'autres, et rendre de nouveau possible pour l'avenir la bonne intelligence entre l'Église et l'Etat. Il fallait surtout tenir d'une main ferme et défendre avec énergie le drapeau des droits et des devoirs du clergé. C'est ce que fit M. Affre, sans jamais se prêter au déchaînement des passions politiques, ce qui lui aurait ôté la plus grande partie de sa force. Les nouvelles autorités mises en place par la révolution de juillet apprirent à respecter et à aimer le prêtre courageux, modeste, éclairé, dont les principes inflexibles en matière de foi et de devoirs, faisaient ressortir la tolérante charité, la condescendance, l'à-propos de conduite. Louis-Philippe vers cette époque fit une tournée dans les provinces du Nord, et M. Affre dut le complimenter à son passage à Amiens. Sa harangue fut ce qu'elle devait être, simple, ferme et digne. La religion ne pouvait assurément entonner des hymnes d'allégresse et d'adoration à une époque où elle était en quelque sorte mise au ban des pouvoirs temporels. M. Affre le fit comprendre en formant pour l'avenir des espérances que le roi n'osa pas désavouer. Ce discours était un acte de courage, la France tout entière en tint compte au jeune grand vicaire qui avait osé le prononcer.

Le diocèse de Paris avait à sa tête Monseigneur de Quélen, que ses alliances intimes avec le gouvernement de la restauration avaient désigné depuis longtemps à la haine du parti philosophe et sceptique. C'était un prélat magnifique, charitable, entouré de tout le prestige qui s'attache à un grand nom dignement porté, imprudent parfois dans son zèle, avec des attitudes de gentilhomme, une piété tendre, et des manières pleines de la plus affectueuse bonté. L'émeute avait dévasté son palais archiépiscopal, l'avait chassé de Paris, et il avait dû attendre pour y rentrer, que les terribles ravages du choléra lui eussent donné l'occasion de montrer tout ce qu'il avait d'abnégation et de charité dans son cœur d'évêque. On peut le dire, il s'était fait pardonner toutes les haines, toutes les préventions à force de vertus. Mgr de Quélen connaissait l'auteur de l'*Administration temporelle des paroisses*, il appréciait sa vaste capacité; depuis quelques années déjà, il avait l'intention de l'attacher à son église en qualité de grand-vicaire. Aussi M. Affre s'étant rendu à Paris en 1834, pour faire imprimer une troisième édition du *Traité de l'administration temporelle des paroisses*, Mgr de Quélen le supplia d'accepter les fonctions de grand-vicaire dans son diocèse. M. Affre hésita longtemps; il était attaché à ses administrés d'Amiens, tout à la fois par le bien qu'il leur avait fait, et par la reconnaissance pleine de vénération dont ils l'entouraient. Et puis ses intimes lui représentaient qu'accepter un poste à Paris auprès d'un archevêque mal vu en cour, c'était pour jamais se fermer la source des grâces et d'un avancement élevé, auquel ses services lui donnaient lieu de prétendre. Cette dernière considération loin de persuader M. Affre, le décida au contraire à se rendre aux désirs de M. de Quélen, pour lequel il éprouvait la plus affectueuse sympathie.

Au moins, disait-il, on ne me taxera pas d'ambition. Le clergé d'Amiens fit tout ce qu'il put pour conserver à sa tête l'administrateur remarquable, l'écrivain savant qui lui avait rendu tant de services, mais M. Affre persista, et fut installé comme grand-vicaire dans cette même église de Notre-Dame, où il devait recevoir plus tard de plus glorieuses consécrations. Placé à ce poste éminent il justifia la confiance de Mgr de Quélen par son intelligente activité dans l'expédition des innombrables affaires qui surchargent le zèle des chefs du clergé de Paris, où il y a tant à concilier, surtout, dans les rapports quotidiens de la religion avec l'Etat. Malgré ses travaux de tout genre en administration, il trouva du temps pour achever un traité qu'il avait entrepris à Amiens, sur la *propriété des biens ecclésiastiques*, traité qui fut imprimé à Paris en 1837, et lui valut de la part de tout le clergé de France un redoublement d'estime et de félicitations.

CHAPITRE III.

M. Affre, archevêque de Paris.

Depuis longtemps, la vaste science, la capacité administrative de M. Affre le désignaient au choix du pouvoir pour la haute dignité de l'épiscopat. Mgr de Trédern, vénérable vieillard qui occupait encore en 1839 le siége de Strasbourg l'avait, depuis plusieurs années, demandé pour lui servir de coadjuteur. M. Affre avait résisté à toutes ses instances; il aimait Mgr de Quélen, il se plaisait dans les difficiles et importantes fonctions de grand-vicaire de Paris. De plus il occupait tous ses loisirs à la confection d'un ouvrage fort étendu sur le droit canon, qu'il lui fallait encore du temps pour terminer. Il avait l'intention de faire dans cet ouvrage un traité complet sur la matière, comme celui qu'il avait déjà fait sur l'*Administration temporelle des paroisses*. Mgr de Tredern ne se rebuta point; sa vieillesse accablée d'infirmités lui rendait un coadjuteur de plus en plus nécessaire; il redoubla d'instances auprès de M. Affre, et auprès du gouvernement, tellement qu'en 1839 la nomination du grand-vicaire de Paris, comme coadjuteur de Strasbourg, fut officiellement proposée à Rome.

Le résultat était certain. Grégoire XVI avait une estime toute particulière pour M. Affre, dont le nom depuis longtemps avait passé les Alpes; mais on était alors en décembre 1839; la santé chancelante de Mgr de Quélen donnait les plus vives inquiétudes. Cette vie si pleine, si agitée de fortunes diverses, si diversement jugée allait s'éteindre. Des prières publiques étaient ordonnées dans toutes les églises,... le 31 décembre Mgr de Quélen n'était plus. Toutes les haines qu'il avait soulevées se brisèrent au pied du cercueil. On oublia l'ancien ami de Charles X; on ne se rappella plus que le père des pauvres, l'héroïque imitateur de Belzunce dans les journées du choléra ; et les regrets éclatèrent en sanglots à ses funérailles.

D'après les statuts canoniques, le chapitre métropolitain de Paris dût s'assembler pour prendre en main l'administration du diocèse pendant la vacance du siège archiépiscopal. Dès le premier jour, à l'unanimité, il nomma M. Affre, coadjuteur désigné de Strasbourg;

premier vicaire capitulaire de Paris. M. Affre en cette qualité se trouva placé à la tête du clergé de la capitale, et le carême de 1840 lui donna, sur ce théâtre solennel, l'occasion de donner à la France toute la mesure de sa capacité. Aujourd'hui que les luttes politiques absorbent presque tous nos instants, on n'a pas encore oublié les discussions passionnées que faisaient naître à cette époque les grandes questions de la liberté d'enseignement et de la philosophie. Une secte audacieuse et hypocrite tout à la fois, prétendait ressusciter sur le domaine de la science les errements impies de Spinoza. N'osant nier Dieu, elle le ravalait, elle le confondait avec la nature, elle disait : Ici tout bas, ailleurs bien plus haut : Tout est Dieu. Cette secte était puissante, elle remplissait les chaires de philosophie, elle dominait le conseil royal de l'instruction publique, elle avait pied à la cour, dans les ministères, dans les académies, et voilà que ses amis politiques allaient l'introniser au sein du pouvoir dans le ministère du premier mars. Elle avait surtout le talent d'éluder les attaques par des distinctions subtiles, des phrases ambiguës des conséquences tronquées, un langage obscur et mystique, comme un écho de la vieille école d'Alexandrie. Cette secte infestait l'enseignement de la jeunesse dans l'Université, et tout en parlant en termes pompeux de la loi du devoir, elle trouvait, malgré elle, sans doute, le secret de l'affaiblir dans les âmes. Le grand-vicaire capitulaire osa l'attaquer, dans le mandement qu'il publia pour le carême de 1840. Il démasqua sans pitié l'hypocrite phraséologie sous le manteau duquel le panthéisme s'abritait, et développa dans un style mâle, vigoureux, lucide, les propositions suivantes dont il prouvait impitoyablement l'évidence. « Non, tout n'est pas Dieu, non, la créature imparfaite, la nature inerte, n'appartiennent pas à l'essence infinie ; non, l créature n'est pas le créateur. Dieu san doute est partout, il voit tout, il éclaire tou de sa lumière, mais là se borne l'identification entre lui et nous, tout comme le soleil illumin les mondes sans se confondre avec eux. S' Dieu est tout, si nous sommes parties de Dieu, tout frein moral est détruit, toutes lois d conscience inutiles, car Dieu ne peut faillir, et dans cette monstrueuse hypothèse nou n'aurons qu'à suivre nos penchants, nos erreurs, nos convoitises, parties intégrantes de la divinité, infaillibles comme elles. »

Et comme les panthéistes pouvaient se récrier sur la rigueur de ces conséquences, il ajoutait : « Si nos adversaires veulent seulement dire que tout est en Dieu, en ce sens que tout représente l'idée de Dieu, sa bonté, sa justice, sa puissance, nous sommes d'accord, et il n'était pas besoin de raisonnements philosophiques pour démontrer un axiôme évident, sinon toutes les conséquences précédemment développées demeurent inattaquables, et nous répétons que toute conscience est inutile. »

L'impression produite par ce beau mandement, où la grâce sévère du langage s'alliait à la plus pure substance de la philosophie, fut immense. Les panthéistes furent attérés. Le clergé de France salua en M. Affre un de ses plus éloquents défenseurs, et bientôt l'on en vint à se dire qu'un administrateur provisoire doué de ce talent méritait de rester définitivement au poste, où la Providence l'avait fait débuter d'une si brillante manière. Louis-Philippe, à qui on ne peut refuser le mérite d'avoir fait des choix judicieux pour l'épiscopat, eut la même idée, et se détermina presque de suite à proposer M. Affre à Rome pour l'archevêché de Paris. C'était, il faut l'avouer, une récompense des plus flatteuses. Ordinairement on n'arrivait à remplir un siége aussi important, qu'après en avoir occupé d'autres dans l'épiscopat, et puis le nom roturier de M. Affre pouvait paraître un peu hardi à prononcer après ceux des Christophe de Beaumont et des Quélen. Le roi cependant persista, et la proposition fut faite officiellement à Rome dans les premiers jours de juin 1840. M. Affre n'avait pas sollicité le poste éminent qu'on lui offrait, il ne le refusa pas. Calme, mesuré, plein d'une réserve digne, il en calcula les devoirs, les charges, les combats, les difficultés de tout genre, et se sentit la force de les remplir ou de les braver. Et puis, de tous côtés lui arrivaient de la part des évêques et archevêques des invitations pressantes pour l'engager à se prêter aux circonstances, et à donner au monde et à la France un bon prélat de plus. En attendant les bulles de Rome, il se prépara plus particulièrement aux redoutables fonctions qu'il allait remplir, par l'intelligente administration du diocèse, et reçu la nouvelle définitive do sa nomination dans les premiers jours du mois d'août.

Le cardinal archevêque d'Arras, Mgr de la Tour-d'Auvergne, fut son prélat consécrateur dans la cathédrale de Notre-Dame, le 10 du mois d'août 1840.

CHAPITRE IV.

L'administration de Mgr Affre jusqu'à la Révolution de Février 1848.

L'administration de M. Affre fut telle qu'on l'attendait de lui, sage, mesurée, habile et paternelle. Voyons d'abord quels furent ses rapports avec le gouvernement. La position d'un archevêque de Paris était bien difficile en 1840. En face d'un gouvernement frondeur, indifférent, jaloux de ses droits, vis à vis d'une cour où l'on demandait du zèle, beaucoup de zèle dynastique, précisément parce qu'on en sentait le besoin ; il fallait une extrême prudence au premier pasteur, pour ne pas compromettre par des concessions indignes, des faiblesses ou des complaisances, la dignité de l'épiscopat. Et puis Mgr Affre était l'élu de Louis-Philippe, il semblait que ce prince avait droit de compter sur lui. Tout cela faisait que les catholiques attendaient avec une certaine anxiété la conduite que tiendrait le nouvel archevêque. Mgr Affre ne tarda pas à dissiper toutes les craintes qu'on avait pu concevoir. Il se montra dès les premiers jours vis à vis de la cour et du gouvernement, tel qu'il fut toujours, ferme, complaisant sans faiblesse, et quand il le fallait respectueux sans flatterie. On le vit bien en particulier, à ces grands jours de réception, où les autorités constituées, les jureurs de tous les régimes luttaient de servilisme au pied du trône. Une seule voix, parmi toutes ces voix, savait faire entendre des paroles empreintes d'une dignité tempérée par l'onction d'un prélat catholique. On se rappelle les courageuses paroles que Mgr Affre adressa à Louis-Philippe au sujet de la loi d'enseignement, de la sanctification du dimanche profané par les travaux de la liste civile, et de cette justice divine, plus forte, plus stable, plus efficace que toutes les justices de la terre. Ces paroles devaient déplaire à ceux qui ne voulaient qu'être flattés. Ils s'étonnèrent qu'un homme choisi par eux ne fût pas plus reconnaissant, et dans leurs réponses on vit un mélange de colère et d'étonnement. Mgr Affre ne s'en inquiéta pas, et persista dans la ligne de conduite qu'il s'était tracée. Toutes les fois que ses fonctions l'appelèrent aux Tuileries. En 1845 le ministère Guizot conçut la pensée de fonder, sous le nom de chapitre St-Denis, un séminaire privilégié, où le *système* pourrait recruter des évêques complaisants, des prélats de cour, des influences favorables au sein de ce clergé de France si compact et si fort dans son unité, dans la foi et la discipline. Mgr Affre résista courageusement à cette tentative ; il vit le péril qu'elle engendrerait, les conséquences funestes qu'elle entraînerait pour l'indépendance du clergé ; il les dénonça à la raison publique, dans d'éloquentes protestations. La cour s'irrita de plus en plus ; il la laissa s'irriter.

Parlons maintenant de ses rapports avec le nombreux clergé de Paris. Nous ne craignons pas d'être taxé d'exagération, en affirmant que Mgr Affre était vraiment le pasteur de l'Ecriture, bon pour tous, compatissant aux fautes, sévère pour les écarts qui pouvaient compromettre la dignité du sacerdoce. On l'a accusé de rudesse dans ses manières ; sans doute, il n'avait pas les grands airs de son prédécesseur, et sa politesse exquise ; mais tous les prêtres qui avaient à l'entretenir étaient sûrs de trouver dans son accueil une bonté simple et communicative, un laissez-aller qui les mettait de suite à leur aise. Les membres du clergé inférieur étaient plus particulièrement l'objet de sa sollicitude. Un des derniers actes de son administration eut pour effet de relever la condition hiérarchique de tous ceux qui remplissaient, dans les paroisses, les fonctions mal définies de prêtres auxiliaires, en leur donnant le rang de vicaire dans l'ordre de leur promotion.

Voilà pour les prêtres du clergé inférieur. Il y avait aussi beaucoup à faire pour ces vieux vétérans du sacerdoce, qui après avoir travaillé toute leur vie à la moisson sainte, n'avaient pas comme les invalides militaires, un lit pour reposer la tête dans leurs vieux jours. M. Affre le comprit, et une de ses premières pensées, fut de fonder une maison de retraite pour les prêtres infirmes ou trop âgés. Dans ce but il organisa dans tout le diocèse des quêtes annuelles. Par ce moyen, des sommes considérables furent rassemblées, et aujourd'hui le diocèse de Paris jouit de la bienfaisante institution qui manquait à son clergé. En même temps que Mgr Affre assurait l'existence des vieux prêtres, il en préparait le recrutement, par la multiplication des bourses ecclésiastiques pour les enfants pauvres et par l'achat d'un vaste terrain, où à la place du vieux séminaire de St-Nicolas-du-Chardonnet, devait s'élever une maison digne du diocèse, de sa destination et de son fondateur.

Mgr Affre avait senti que le premier diocèse de France, par l'importance de sa population, et de son influence, devait être le plus riche en hommes éminents par leur éloquence et leur savoir. Il fit tout pour les y réunir. Successivement il appela à prendre place au chapitre de Notre-Dame, M. Gaume, M. Ravinet et M. Cœur, dont tout le monde connaît le beau caractère et le grand talent. M. Maret fut nommé professeur en Sorbonne ; M. de Ravignan vint faire entendre dans la chaire de Notre-Dame les accents sévères d'un philosophe chrétien, et M. Lacordaire prêta toute la magie de sa poétique imagination, et de ses rares facultés d'improvisation, aux conférences annuelles qui jettèrent tant d'éclat sur l'Église métropolitaine de Notre-Dame.

Du clergé passons aux fidèles, et voyons tous les droits que M. Affre s'est donnés à leur reconnaissance pendant les courtes années de son administration.

Mgr Affre s'occupait tout spécialement de l'état matériel et moral de la classe ouvrière. En même temps qu'il encourageait la société de St-Vincent de Paul, l'œuvre des salles d'asiles, l'établissement des crèches et d'une foule d'œuvres de charité destinées à soulager la misère, il veillait au développement merveilleux de la société dite de St-François Xavier, société modèle destinée, peut-être en se propageant dans le monde, à remplacer par les liens bénis de la foi les chaînes fatales qui liaient l'ouvrier aux statuts des sociétés secrètes. Disons quelques mots du spectacle consolant qu'elle offrait avant la révolution de février, aux yeux du penseur, du philosophe, et de tout homme qui n'est pas plus insensible au charmes des grandes réunions pacifiques de frères, qn'aux beautés de la nature, Les journaux racontaient parfois que plusieurs milliers d'ouvriers se réunissaient le soir dans quelque vaste nef d'église comme St-Sulpice, ou St-Merry. Entraîné par ces récits, plus d'un observateur curieux venait s'édifier devant ce magique tableau. Des chants religieux, des lectures scientifiques, des récits littéraires, des épanchements poétiques remplissaient les séances toujours trop courtes. Les flots pressés d'auditeurs avaient quelquefois peine à contenir leur enthousiasme devant la majesté du saint lieu, surtout quand la voix aimée de M. Claudius Hébrard leur communiquait l'entraînement électrique des plus nobles pensées rendues dans le plus beau langage. On se quittait avec l'espérance de se revoir bientôt, et l'on emportait, pour les méditer jusqu'aux prochaines réunions, les impressions de foi, de charité, d'espérance versées dans toutes les âmes.

Déjà 52,000 ouvriers s'étaient associés et confondus dans cette belle œuvre. Le gouvernement jaloux de toute influence qui ne procédait pas directement de lui, s'était ému. Ne pouvant accaparer la société de St-François-Xavier à son profit, il la tracassait par mille obstacles, élevait des doutes sur la légitimité de son but, la faisait sourdement attaquer dans ses journaux, auxquels s'associait dans une même pensée de haine, toute l'école voltairienne et révolutionnaire. C'était peu, il faisait signifier à M. Claudius Hébrard, le poète favori des ouvriers, qu'il eut à cesser ses chants, sous le prétexte que ses affections de cœur et de famille n'étaient peut-être pas pour le ministère Guizot et pour la famille d'Orléans. M. Affre lutta courageusement contre le mauvais vouloir du *système*. Il défendit au nom de la foi religieuse et de la liberté, le droit de prier en commun et de s'associer dans les joies pures du christianisme.

Il faisait plus : aux grands jours de fête, lorsque la foule était plus compacte, les chants plus harmonieux, l'enthousiasme plus grand, le bon pasteur accourait au milieu de ce peuple pour lequel il devait un jour donner sa vie ; sa présence ajoutait un charme de plus à tant de charmes pénétrants, et quant la voix du poète s'élevait pure et harmonieuse, le regard approbateur du pontife était sa plus douce récompense.

Aujourd'hui les évènements politiques ont momentanément interrompu les travaux de cette noble et belle société de St-François-Xavier. Le club a remplacé l'église, les prédications du *Père Duchêne* ou du *Peuple constituant*, les saintes homélies, les inspirations du poète bien-aimé... Mais le souvenir vit encore avec l'espérance, le souvenir du bien qui s'est fait, surtout de ceux qui ont fait ce bien, l'espérance de ce qui peut se faire encore, lorsque la liberté aura cessé d'être un vain mot. Revenons à Mgr Affre.

Mgr Affre étendait sa sollicitude incessante sur d'autres œuvres non moins bénies, l'œuvre de St-Vincent de Paul, glorieuse association de laïques dévoués au service de toutes les misères, l'œuvre de St-François Régis pour la consécration civile et religieuse des unions illégitimes, l'œuvre de la Sainte-Famille pour l'adoption des enfants pauvres et de tant d'autres qui figurent aux premiers rangs du catalogue de la charité. Le moment approchait où Mgr Affre allait donner le plus beau des couronnements à la plus belle des vies.

CHAPITRE V.

Révolution de Février ; Mgr Affre dans les premiers jour de la République.

L'année 1848 venait de commencer ; la chambre des députés venait de s'ouvrir ; ses corps constitués s'étaient rendus comme d'habitude au pied du trône prédire à un vieillard l'éternité de sa dynastie et l'éternité de leur dévouement. Une vague inquiétude cependant pesait sur tous les esprits, suite de la lassitude universelle. Des bruits sinistres commençaient à circuler. On sentait que le régime de corruption avait fait son temps, condamné par Dieu et par les hommes. Les esprits sages interrogeant l'avenir, se demandaient avec effroi ce qu'il allait advenir d'une société sans frein moral, sans autre Dieu que l'argent, sans autre gouvernement que des roués et des corrompus. Le ministère Guizot, fier de sa majorité de cent voix, persistait dans sa politique, avec l'aveuglement qui précède toujours les grandes chûtes. Paris retentissait encore des sinistres échos qu'avaient soulevés l'horrible drame de l'Hôtel Praslin, et les mystères du procès Teste-Cubières.

L'opposition touchait aux portefeuilles ; elle voulut les saisir plus vite à l'aide de sa campagne des *banquets*. On promena successivement dans toute la France les éternelles périodes de M. Odilon-Barrot ; on flagella le pouvoir sur les deux joues. Tahiti, la campagne du Maroc, les mariages espagnols, la corruption, tout fut habilement groupé aux yeux des électeurs après boire. Pour couronner la campagne, on annonça le banquet du 12me arrondissement. M. Duchâtel trouva que c'était par trop fort de venir braver le royauté à deux pas des Tuileries, et se mit en mesure d'arrêter l'impulsion donnée à l'opinion publique. N'avait-il pas ses sergents de ville, sa bonne garde municipale, 50,000 hommes de troupes de ligne, Vincennes, et les forts détachés ?... On sait le reste. Cette royauté si forte tomba au souffle de la colère de Dieu, accablée sous le mépris public, chassée comme un larron pris en flagrant délit, par une porte de derrière. Ceux qui niaient la Providence apprirent encore une fois de plus comment elle se joue des trônes et des princes. Ils virent manifestée dans le châtiment, la punition du crime de 1830, par la reproduction presque exacte des circonstances, de l'aveuglement et de la folie qui se croit sagesse. L'homme qui avait été ingrat, se trouva en face d'une ingratitude universelle, abandonné de tous, obligé d'emprunter de l'argent à sa domesticité pour continuer sa fuite. Louis-Philippe roi de 35000,000 d'hommes le matin à 10 heures, se trouva seul, et proscrit dédaigné à 11 heures.

La révolution de Février touchait aux plus graves intérêts de la religion, et disons-le, personne ne devait plus s'en préoccuper que les catholiques.

Il ne leur était pas possible d'oublier que la première république avait été pour l'Eglise une ennemie acharnée jusqu'au délire, et qu'elle avait ressuscité des persécutions, telles qu'on n'en avait pas vues depuis les siècles de Decius et de Néron. Sans doute le règne tombé ne leur laissait guère de regret ; s'il avait protégé le *culte* comme on avait pris l'habitude de dire ; c'était moins par sympathie que par calcul, et pour se faire, sur l'esprit des populations, des moyens de gouvernement. Du reste, il avait sapé la morale publique par son système corrupteur, énervé la jeunesse par le déplorable enseignement universitaire, et resserré les chaînes qui liaient l'indépendance de l'Eglise, en maintenant l'absurde législation qui défendait, les réunions d'évêques, leur action collective, et jusqu'à la réception des bulles de Rome sans enregistrement préalable du conseil d'état.

Les catholiques ne regrettaient donc pas cette monarchie de juillet, dont la chûte passait à leur yeux pour un châtiment de la Providence, mais qui allait lui succéder? Qui prenait déjà le pouvoir d'une main téméraire? Quels étaient les antécédents des hommes de la *Réforme* et du *National* prétendus libéraux, et partisans fougueux de tous les monopoles hostiles au catholicisme?.....
Mgr Affre fit sans doute toutes ses réflexions, il se garda bien de les épancher au dehors. On le vit dans les premiers jours faire acte d'adhérence à une république qui annonçait l'intention de répudier le despotisme conventionnel et les traditions de 93.

M. de Lamartine était du reste l'homme du jour ; et malgré les égarements philosophiques de son beau talent, les catholiques ne pouvaient oublier qu'il avait autrefois exhalé de son luth des soupirs tout chrétiens, et célébré les pompes catholiques. L'heureuse influence que devait avoir la conduite de Mgr Affre, imité par tous ses confrères, ne tarda pas à se faire sentir. La population de Paris se montra reconnaissante ; elle le prouva par ses respects, quelquefois même par des démonstrations éclatantes d'attachement aux croyances catholiques.

Lorsque vint cette fièvre curieuse de la plantation des arbres de liberté, on alla solennellement dans les églises chercher les prêtres au son des fanfares et des détonations joyeuses, pour leur faire bénir ces emblèmes d'une liberté régénérée dans la foi et l'amour. La croix bannie des rues de Paris, depuis 1830, y reparut saluée par tous, et dans le palais des Tuileries, au milieu des blessés de février, on vit s'incliner des fronts jusques-là bien rebelles, devant la robe noire et le voile blanc d'une sœur de charité.

Les premiers jours de la république passèrent. Arriva peu à peu la dictature de M. Ledru-Rollin, substituée à l'élan enthousiaste du sentiment général. Des défiances éclatèrent dans les journaux, organes du pouvoir, contre le sentiment religieux qui se réveillait en France. On parla de supprimer le traitement du clergé, en observant, avec ironie, que les apôtres étaient pauvres, on mit en avant le mariage des prêtres comme nécessité démocratique, et des feuilles périodiques, telles que la *Démocratie pacifique*, ne craignirent pas de faire à l'Eglise un cours de morale, à propos de sa discipline. Le *National* de son côté traita la question de la dépendance du clergé inférieur, s'apitoyant avec hypocrisie sur son sort précaire, il lui montrait la révolte contre les évêques comme un acheminement vers l'émancipation. Ces déclamations, ces espérances hautement proclamées faisaient renaître le doute et les angoisses. Les catholiques se préparaient à la lutte, et leur langage commençait à prendre des formes irritantes.

L'archevêque de Paris remplit le rôle de modérateur qui convenait si bien à son tempérament. Il pensa que le meilleur moyen pour la religion de se faire respecter par des pouvoirs jaloux, était de se montrer plus que jamais étrangère à toute action politique, sans pour cela cesser de défendre ses droits quand l'occasion s'en présenterait. Pie IX le grand et saint pontife l'encourageait à suivre constamment cette ligne de conduite si véritablement chrétienne, et le résultat des élections générales à Paris prouva qu'on savait l'apprécier parmi le peuple. M. Deguerry, curé de St-Eustache. ami intime de Mgr Affre, réunit 65,000 suffrages, l'abbé de Lacordaire en réunit 62,000. Dans les départements le succès fut plus significatif, 3 évêques, messeigneurs de Langres, d'Orléans et de Quimper furent à de grandes majorités proclamés représentants du peuple, ainsi que 43 autres membres distingués du clergé catholique. C'était là, quoiqu'on en dise, leur véritable émancipation.

Un des reproches les plus obstinés qu'on adressait à l'Eglise, et des plus fâcheux par les conséquences qu'il pouvait entraîner, c'était la dépendance absolue où se trouvaient les prêtres du clergé inférieur vis-à-vis des autorités ecclésiastiques, libres de le juger, de le condamner sans appel, sans examen, et en le condamnant de lui ôter jusqu'à son existence matérielle, en le poussant de la sorte à l'apostasie. Mgr. Affre comprit qu'il y avait réellement là quelque chose à faire, et de concert avec ses suffragants, il anonnça la formation prochaine de tribunaux ecclésiastiques destinés à prononcer sous la direction suprême de l'évêque sur les délits purement canoniques. Ce fut, à vrai dire, le dernier acte important de son administration. Il donnait la mesure de ce qui aurait été fait, si Dieu n'avait pas jugé à propos de terminer une noble vie par le martyre, et de faire triompher dans la mort, les vertus qui avaient consolé, béni, triomphé dans la vie temporelle.

CHAPITRE VI.

Journées de Juin.

Nous arrivons à une époque funèbre, et qui retentira longtemps dans la mémoire des peuples, pour montrer jusqu'où peut aller dans ses déchaînements logiques, la conséquence des rêves impurs du socialisme. Aujourd'hui que les morts sont pleurés, les blessures pansées, les premières angoisses calmées, et que les préoccupations du lendemain viennent faire distraction aux soucis de la veille, il est bon de retracer brièvement les sanglantes phases des 22, 23, 24, 25 et 26 juin. Chaque fois qu'un lecteur les parcourra, il se formera dans son cœur une répulsion nouvelle pour les doctrines qui amènent de telles catastrophes, et du reste l'histoire de l'insurrection de Paris est la préface obligée du martyre de son archevêque.

Depuis longtemps une sourde irritation régnait dans la classe ouvrière de Paris. Les prédications incendiaires des journaux, les théories socialistes, les clubs, les réunions tumultueuses, enflammaient toutes les têtes et provoquaient tous les désirs. On avait dit que la révolution de février était faite pour le peuple, parole imprudente que le peuple interprétait en ce sens qu'elle devait lui donner la fortune et le bonheur matériel qu'il n'avait pas. Une chose aurait pu le retenir, la foi religieuse, combinée avec l'espérance d'une vie meilleure, mais on avait tant fait pour lui enlever ce frein, qu'il avait depuis longtemps perdu son empire sur lui. Pour empêcher une conflagration générale, un véritable assaut sur la propriété, le gouvernement provisoire s'était vu contraint d'organiser des ateliers dits nationaux, vastes réceptacles de toutes les paresses et de toutes les convoitises. Là des milliers d'ouvriers venaient chaque jour toucher un salaire qu'on n'osait leur faire gagner; jusqu'aux plus laborieux trouvaient commode de venir recevoir le prix du travail, et cela sans travail. Quoiqu'il en soit, les chantiers nationaux tout en dévorant les finances, ajournaient une explosion inévitable, car on ne se fait guère tuer lorsqu'on a de quoi vivre aussi commodément que vivaient ces étranges travailleurs. Beaucoup s'imaginaient que les chantiers nationaux n'étaient pas seulement des asiles forcés ouverts à l'indigence, mais encore une arme redoutable dans les mains du gouvernement, une menace suspendue sur Paris, et dans l'occasion une force irrésistible aux mains des révolutionnaires. Vint la journée du 15 mai. Les travailleurs dédaignèrent de se jetter dans un mouvement qui ne pouvait leur donner plus que ce qu'ils avaient, ils laissèrent Barbès et Blanqui dans la solitude de leurs fidèles, et ne firent rien pour les arracher à leur prison. Mais cette journée avait ouvert les yeux aux gens honnêtes de l'Assemblée nationale ; on vit clairement où le pouvoir entraînait la France, et on commença à reculer sur cette pente fatale. La loi sur les attroupements fut votée. Les chantiers nationaux furent maudits en pleine tribune, on ne discuta plus que sur les moyens de les fermer sans secousse. Les uns voulaient qu'on les remplaçât par des secours à domicile, d'autres consentaient à leur maintien, mais en les éloignant de Paris.

Ces discussions répétées, envenimées par les journaux, enflammaient les ouvriers, et les poussaient à l'insurrection. Les meneurs annonçaient qu'on voulait les envoyer dans les déserts de la Sologne; ils décidèrent qu'ils ne partiraient pas, et résolurent de jouer derrière les barricades qui l'emporterait d'eux ou de la société. Le 22 juin, le plan fut définitivement arrêté. De longues colonnes d'hommes en blouse, montèrent au Panthéon par toutes les artères des faubourgs de la rive gauche; là des discours furent prononcés, de l'argent, nous assure-t-on, fut distribué, et le rendez-vous fut assigné pour le lendemain 23 juin derrière les barricades. L'émeute avait ses chefs, ses organisateurs, ses tacticiens.

Voici sommairement les principales dispositions qu'ils avaient adoptées pour leur plan d'attaque.

Paris forme un vaste cercle, au centre duquel se trouvent les principaux établissements publics, tels que l'Hôtel-de-Ville et le Louvre. Le côté Ouest du cercle formé par les nouveaux quartiers des Champs-Élysées et de la Chaussée d'Antin est peu favorable à une émeute à cause de ses rues larges, et des immenses percées qui y rendent possible même l'action de la cavalerie. Le côté Est au contraire formé du faubourg St-Antoine et du faubourg St-Marceau, était naturellement par sa configuration, ses ruelles sombres, ses mille détours, et la nature de ses habitants appellé à devenir le quartier général de l'insurrection. Dans le faubourg St-Antoine sont concentrés près de 100,000 ouvriers occupés dans ces fabriques de meubles, de pendules et autres importants articles de l'industrie parisienne.

Dans le faubourg St-Marceau, habite une population plus misérable, dans une infinité de petites rues qui montent de la Seine en détours sinueux jusqu'au Panthéon. Là est le quartier général des chiffonniers; là, cœurs, bras et pensées appartenaient tout entiers aux passions des meneurs, et saluaient d'avance le pillage. Vers le Nord-Est de Paris, on rencontre des faubourgs populeux tournant intra et extra-muros, qui devaient aussi fournir à l'insurrection des masses en presque totalité disposées à la favoriser. C'est d'abord Belleville, à l'extrémité de la longue rue du Temple, puis la Villette, au bout de cette immense artère qu'on nomme la rue St-Martin, la Chapelle St-Denis faisant suite à la rue de ce nom, et enfin sur les hauteurs de Montmartre, les avenues des rues Rochechouart et faubourg Poissonnière. Là se trouvaient les avant-postes des combattants retranchés dans le clos St-Lazare, immense chantier constamment encombré de matériaux et de tout ce qui peut servir à former de solides barricades.

Les quartiers où l'insurrection devait d'abord se trouver maîtresse avant tout combat, formaient donc autour de Paris un vaste demi-cercle qui embrassait l'Est, et le Nord-Est avec une partie du Sud, sur cette avenue de la route d'Orléans, où finissent les rues St-Jacques et la rue d'Enfer. Il s'agissait maintenant de pousser au cœur de Paris, pour enlever l'Hôtel-de-Ville, l'hôtel des Postes, le Louvre, les Ministères, le Télégraphe, refouler les troupes dans les Champs-Elysées, et organiser la victoire. Les insurgés avaient pour accomplir cette opération de grandes facilités Le centre de l'immense ville, bâti en plein moyen-age, en rappelle encore les traditions par ses rues étroites, ses maisons pressées, ses carrefours nombreux, ses impasses sombres. Dans ce centre, se trouve la Cité formée par une île de la Seine, autrefois le quartier le plus curieux, et le plus inextricable, maintenant un peu amélioré autour du Palais-de-Justice, et de Notre-Dame. Du côté de l'Hôtel-de-Ville et derrière l'église St-Gervais commence la rue St-Antoine semblable à une grande vallée, à laquelle viennent aboutir une infinité de petites vallées latérales. Par cette rue St-Antoine on devait pousser à l'Hôtel-de-Ville, c'était là que devaient se livrer les combats les plus furieux.

Le 23 au matin, le gouvernement paraissait ne pas se douter que Paris dût être dans la journée le théâtre d'une sanglante bataille. Les troupes en nombre restreint occupaient leurs casernes et faisaient la soupe, la garde mobile travaillée par diverses passions était indécise, la garde nationale sans chef suprême, peu confiante dans le gouvernement et dans tous ses chefs qu'elle s'était choisis dans un moment de crainte, comptant dans son sein de nombreux séides de l'émeute, la garde nationale, disons nous, ne paraissait pas devoir opposer une longue résistance, et pourtant ce fut elle qui en engageant le combat sauva notre pays.

Depuis le point du jour, les barricades se formaient comme par enchantement, et s'avançaient en convergeant dans la direction du centre de la ville. Vers dix heures les premiers insurgés débouchèrent sur le boulevard St-Denis, au milieu d'une population stupéfaite, et de suite commencèrent à élever en forme de rempart des amas de voitures renversées et de pavés déchaussés. Le rappel avait déjà battu dans les légions. La 2me légion arrive par le boulevard, et sans hésitation engage le feu. Les insurgés ripostent, le sang coule, la foule se disperse dans toutes les issues, et grâce à un renfort de troupes de ligne, la deuxième légion reste maîtresse de ces premières barricades. Cet élan eut les plus heureuses conséquences. En voyant la garde nationale se battre, la ligne, qui devant elle avait levé ses crosses en l'air au mois de février, se sentit à l'aise et ne demanda plus qu'à prendre sa revanche contre les anciens vainqueurs des rues; la garde mobile, flottante entre l'amour de la gloire et ses souvenirs des barricades, voulut montrer qu'elle était la digne sœur de l'armée de ligne.

La bataille s'engagea résolument sur tous les points, et les troupes attaquèrent les postes avancés de l'insurrection aux abords de la Cité et du quartier Rochechouart. Toute la soirée du 23 se passa dans ces attaques, où périt déjà beaucoup de monde, sans grand profit pour la cause de l'ordre. La nuit survint ; les insurgés en profitèrent pour compléter leur système de défense, multiplier leurs barricades, fondre des balles, organiser leurs communications, et pousser dans la rue tous les timides qui se trouvaient dans les quartiers où ils dominaient. Le matin du 24, la situation de Paris était tellement effrayante qu'on n'en pouvait sortir que par un effort suprême. L'Assemblée nationale le sentit ; elle renversa la commission provisoire, mit la capitale en état de siége et confia une espèce de dictature au général Cavaignac. Sous ses ordres vinrent se placer tous nos vieux généraux d'Afrique ; les Changarnier, les Bedeau, les Lamoricière, les Négrier, les Duvivier avec une foule d'autres entre lesquels on devait plus particulièrement remarquer les généraux Bréa, Lafontaine, Français, de Bourgon et Régnault. Une fois la direction suprême fondée, l'ordre dans les efforts du combat devait amener la victoire. Après une lutte des plus opiniâtres, le faubourg Montmartre fut dégagé, et cette barricade qu'on appelait la grande barricade

Rochechouart emportée ainsi que le clos St-Lazare. Les insurgés battus sur ce point se replièrent du côté de la chapelle St-Denis et de la Villette. Pendant ce temps une forte colonne sous les ordres du général Duvivier opérait aux abords de l'Hôtel-de-Ville, et avait à soutenir des combats furieux.

Dans ces longues ruelles, parallèles à la Seine, on avait percé les murs, pour communiquer d'une maison à l'autre. Chaque fenêtre, pour ainsi dire, nécessitait un assaut comme au fameux siége de Saragosse ; quelques compagnies de la ligne avaient été obligées de mettre bas les armes à la place des Vosges, (ci-devant place Royale). Duvivier triompha de tous les obstacles, aidé de ce célèbre 48ᵉ de ligne qui dans le seul parcours de la rue St-Antoine et sur la place de la Bastille, perdit 14 officiers, son colonel en tête. Sur la rive gauche de la Seine, dans le faubourg St-Marceau et les environs de l'ancienne église Ste-Geneviève ; le combat n'était pas moins acharné. Les barricades s'y étaient élevées par milliers, et les troupes pour gravir la colline qui mène au Panthéon, étaient sans cesse exposées à un feu plongeant. L'Ecole de droit avait été prise par les insurgés qui avaient fait du Panthéon leur quartier général. Il fallut 8 heures de combat pour les en chasser avec l'aide de l'artillerie et le concours des troupes de toute arme. Repliés sur les dernières rues du faubourg, ils en furent successivement délogés au prix du sang le plus précieux. Le général Duvivier reçut cette funeste blessure qui devait au bout de 15 jours le mener au tombeau. Le général Bréa plus malheureux encore, fut massacré au moment où maître de l'intérieur de la ville sur ce point, il parlementait avec les insurgés retranchés derrière les portes et le premier mur d'enceinte sur la route de Fontainebleau. Déjà dans ce second jour de bataille, on avait vu accourir une foule de gardes nationaux de la banlieue et même des villes reliées à Paris par ce réseau des chemins de fer, telles qu'Orléans, Rouen et le Hâvre. La France avertie par les dépêches sanglantes du télégraphe, se mettait tout entière en route, représentée par ses gardes nationales. L'insurrection refoulée dans ses derniers retranchements devait être nécessairement vaincue.

Nous avons déjà dit que dans la journée du 24 juin, l'insurrection avait déjà été domptée sur la rive gauche de la Seine, autour de l'Hôtel-de-Ville, vers le faubourg Poissonnière et les faubourgs St-Denis et St-Martin. La lutte en se retrécissant devenait plus acharnée, les insurgés retranchés dans le faubourg St-Antoine, comme dans une forteresse bravaient encore l'impatient courage de l'armée et de la garde nationale. Sur la place de la Bastille, défendue par d'énormes barricades épaisses comme des murs, le feu était terrible, le général Négrier venait d'être blessé à mort..... C'est à ce moment que le premier pasteur de la capitale parut sur le champ du carnage!!!

CHAPITRE VII.

L'Archevêque de Paris blessé.

Depuis le commencement de la lutte, il nourrissait l'espoir de la faire cesser par ses exhortations, ou de mourir s'il le fallait comme une victime expiatoire destinée à arrêter l'effusion du sang. Les exhortations de ses amis inquiets l'avaient retenu dans la journée du samedi 24, on annonçait du reste que tout allait finir. Le dimanche arriva, ramenant toutes les horreurs de la veille, et Mgr Affre prit définitivement son parti. Il se rendit à pied vers l'hôtel du général Cavaignac sur les 4 heures du soir, son passage à travers les rues et les quais de la grande ville, devenue méconnaissable et transformée en un camp militaire, fut marqué par mille bénédictions, par mille scènes de touchant attendrissement. Les mères franchissaient le seuil de leurs demeures pour se jeter à ses pieds avec leurs enfants. Les tambours battaient aux champs, les officiers et soldats rendaient les honneurs militaires, et de leurs rangs pressés s'élançaient ces cris enthousiastes : *Vive la Religion, Vive la République, Vive l'archevêque de Paris.*

Le général Cavaignac ne se borna pas à donner son assentiment aux désirs de l'archevêque, il bénit sa pensée et exprima avec une vive effusion, l'espérance que sa belle et noble démarche serait couronnée de succès. Mgr Affre repartit pour la Bastille, toujours escorté des bénédictions de la foule. Sur la place il apprit la mort du général Négrier, l'assassinat du général de Bréa et d'autres parlementaires. Là encore, on s'efforça de l'arrêter en face du sacrifice à peu près certain de sa vie. Il répondait avec calme, que, tant qu'il lui resterait une lueur d'espérance, il chercherait à terminer l'effusion du sang. Il avançait donc toujours, visitant en passant les ambulances et disant à chaque blessé des paroles célestes de consolation et de foi. Arrivé au général qui commandait l'attaque, il lui demanda en grace de vouloir bien la suspendre un moment. Cette prière fut accueillie et l'ordre fut donné d'arrêter le feu. Plusieurs gardes nationaux voulaient accompagner l'archevêque sur les barricades. Il ne voulut pas le permettre ; seul, un ouvrier obtint de lui, l'autorisation de le précéder en portant une grande palme verte, symbole de ses dispositions pacifiques.

De son côté la barricade avait cessé son feu, et ses défenseurs paraissaient animés de dispositions moins hostiles. L'archevêque traverse la place de la Bastille, court avec ses grands vicaires à l'entrée du faubourg et en un moment se trouve au milieu des insurgés descendus sur la place, auxquels se mêlent des soldats impatients de fraterniser. Mais tout d'un coup, une collision éclate ; le cri aux armes ! aux barricades ! retentit, un coup de feu part, et la lutte s'engage de nouveau. Il était huit heures et demie du soir. Mgr avait tourné la barricade qui défendait la grande rue du faubourg ; il s'efforçait d'apaiser du geste et de la voix cette multitude qui semblait vouloir l'entendre et applaudissait à sa démarche..... Soudain d'une fenêtre au-dessus de lui, un coup de feu part, une balle l'atteint dans les reins : *Je suis frappé, mon ami, dit-il en tombant*, à l'ouvrier qui portait la palme verte. Les insurgés se pressent consternés autour de lui, le relèvent dans leurs bras, et l'emportent par des issues détournées, chez le curé de St-Antoine, la plupart en lui donnant des marques de vénération et d'amour, en s'écriant : *Quel malheur ! il est blessé, notre bon père, notre bon pasteur, venu pour nous sauver.* Dans ce court trajet une balle frappe aussi, mais moins grièvement, un fidèle domestique qui avait pu suivre son maître.

Des deux grands vicaires, séparés un instant de leur archevêque par la confusion d'un pareil moment, l'un erra toute la nuit sans pouvoir pénétrer auprès du prélat, qu'il ne rejoignit que le matin ; l'autre, jeté au pied de la colonne de juillet, y resta quelque temps exposé au feu de la barricade, puis traversa en courant la place de la Bastille, au milieu du croisement des balles qui n'atteignirent que son chapeau. Il apprit bientôt la blessure de l'archevêque, le lieu de sa retraite, et put s'y faire conduire en obtenant le libre passage par quelques maisons du faubourg. Il trouva le prélat entouré, au presbytère de Saint-Antoine, des soins les plus affectueux et les plus dévoués. Il était couché par terre, sur un matelas, comme un de ces blessés qu'il venait de visiter. La paix et la sérénité étaient sur son front. Son grand vicaire, qui venait d'apprendre toute la gravité de sa blessure, se jette à genoux à côté de lui en lui baisant les mains et en lui redisant les paroles si souvent répétées dans les heures précédentes : *Bonus Pastor animam suam dat pro ovibus suis.* » Le bon pasteur donne sa vie pour ses brebis. » L'archevêque lui dit aussitôt : « Grâce à Dieu vous n'êtes pas blessé. Je suis heureux de vous avoir auprès de moi, et vous et les bons prêtres qui m'environnent. Je ne manquerai pas de secours spirituels. » Dans la première heure, la douleur ne fut pas fort vive et n'annonçait pas au blessé l'extrême gravité de sa situation. Toutefois, les médecins, sans avoir perdu tout espoir, craignaient qu'il ne passât pas la nuit, et il devenait nécessaire de lui faire connaître la vérité. Cette douloureuse démarche fut rendue facile par le pieux pontife. Dès qu'il se trouva seul avec son grand vicaire : « Vous avez un devoir d'ami fidèle à remplir, lui dit-il ; vous devez m'avertir de ma situation, ma blessure est-elle grave ? — Oui, Monseigneur, très-grave ; mais nous ne sommes pas sans espoir, et nous prierons tant pour vous ! — Il est plus que probable que j'en mourrai, n'est-ce pas ! — Oui, Monseigneur, humainement, il est plus que probable que vous en mourrez. » Il se recueillit sans rien perdre de son calme, et levant les yeux vers le ciel : « Mon Dieu, je vous offre ma vie, acceptez-la en expiation de mes péchés et pour arrêter l'effusion du sang qui coule. Ma vie est bien peu de chose ; mais prenez-la. Je mourrais content si je pouvais espérer la fin de cette horrible guerre civile, si mon sacrifice terminait tant de malheurs. « Il répétait souvent : « Mon Dieu, mon Dieu, je remets mon âme entre vos mains : *In manus tuas, Domine, commendo spiritum meum.* Je vous ai offensé, je ne vous ai pas assez aimé ! Ayez pitié de moi, selon votre grande miséricorde. » Il goûtait ce mot de *miséricorde*, et disait : « Les souffrances même que vous m'envoyez sont un gage de votre miséricorde, puisqu'elles m'aident à purifier mon âme, et à faire pénitence. » Puis, revenant vers la pensée de son cher troupeau, si cruellement frappé : « Dites-leur bien, dites aux ouvriers que je les conjure de déposer les armes, de cesser cette lutte atroce, de se soumettre aux dépositaires du pouvoir : certainement le gouvernement ne les abandonnera pas. Si l'on ne peut leur procurer du travail à Paris, on leur en donnera ailleurs ; dites-leur, pour leur plus grand bien, qu'ils se décident à partir. »

On lui faisait remarquer que le feu avait cessé peu après sa démarche et qu'on était plein d'espérance qu'il ne recommencerait pas le lendemain. Cette pensée semblait apporter un baume sur sa terrible blessure.

Une inquiétude paraissait altérer la sérénité de son âme et la joie de son dévouement ; il la communiqua avec l'expression d'un vrai chagrin au confident intime de ses pensées : c'était la crainte que son héroïque démarche ne fut trop exaltée par les hommes. « Après ma mort, disait-il en soupirant, on va me donner des éloges que j'ai peu mérités. » Les âmes chrétiennes apprécieront l'héroïsme de son humilité presque à l'égal de l'héroïsme de sa charité. Il appelait à son secours Marie, à laquelle il donnait le nom de Mère. Il récitait alternativement le *Sub tuum præsidium*, la prière de saint Bernard : « Souvenez-vous, ô « très pieuse vierge Marie, etc., « et ces paroles : « Priez pour nous, pauvres pécheurs, maintenant et à l'heure de notre mort. » Il invoquait les anges, et, parmi les saints, surtout saint Denis, son patron et celui de l'Eglise de Paris, qui avait le premier versé son sang pour son église.

Il demanda bientôt au grand vicaire de recevoir sa confession. Peu après il lui demanda le viatique. Il était près de minuit. Pendant les préparatifs de cette pieuse cérémonie, il se plaignait que les douleurs, devenues plus vives, l'empêchassent de se préparer suffisamment à la communion qu'il allait faire. « Aidez-moi, disait-il, parlez-moi du saint sacrement ; et il entrait avec recueillement dans les pensées de foi, de piété qui lui étaient suggérées.

Son secrétaire particulier, averti par un prêtre dévoué qui avait franchi, sans craindre le danger, l'espace qui le séparait de l'archevêché, était arrivé avec un second domestique. M. le curé de Sainte-Marguerite était aussi accouru à la triste nouvelle. Le bon prélat disait à tous de bonnes et suaves paroles avec une parfaite liberté d'esprit. Il bénissait ses domestiques, et spécialement ce fidèle serviteur, blessé à côté de son maître, qui s'était traîné de son matelas auprès de lui pour lui baiser encore une fois la main. Ils sanglottaient en l'entendant leur demander pardon des impatiences qui avaient pu lui échapper avec eux.

CHAPITRE VIII.

Mort de l'Archevêque de Paris.

Cependant tout était prêt pour la réception des derniers sacrements. Les prières ayant commencé, il y répondait avec calme au milieu de l'émotion des prêtres qui l'entouraient. Après avoir reçu l'Extrême-Onction, il renouvella avec fermeté la profession de sa foi, et spécialement de sa foi à la présence réelle de Notre-Seigneur Jésus-Christ dans le sacrement adorable de l'Eucharistie qu'on venait d'apporter. Le prêtre lui ayant dit que Jésus-Christ qui avait souffert et qui était mort pour le salut du monde, venait le visiter et descendre dans son âme pour être sa force, pour l'aider à souffrir et à mourir pour le salut de son troupeau, il se recueillit. goûta cette pensée et reçut, avec une sainte dévotion, le Viatique des mourants.

Tout le reste de la nuit fut accompagné de souffrances cruelles. Les plaintes qu'elles lui arrachaient étaient accompagnées de nouveaux élans de piété : « Mon Dieu, que je souffre ! *Non est dolor sicut dolor meus*. Je vous offre mes souffrances ; que ma volonté ne s'accomplisse pas, mais la vôtre. Mon Dieu, je vous aime, vous êtes mon père, le meilleur et le plus tendre des pères. » Puis revenant encore à son cher troupeau : « Mon Dieu, si je souffre, je l'ai bien mérité, moi ; mais votre pauvre peuple, faites-lui miséricorde : *Parce, Domine, parce populo tuo, ne in æternum irascaris nobis.* »

Le matin, le docteur Cayol, son médecin et son ami, était enfin parvenu à le rejoindre, ainsi que le grand vicaire qui en avait été violemment séparé la veille. On chercha les moyens de transporter l'auguste blessé à l'archevêché. Le maintien des barricades rendait ce projet presque impossible. Les insurgés, qui avaient veillé en silence pendant toute la nuit autour de l'asile qui avait reçu le bon pasteur, venaient, avec anxiété, chercher de ses nouvelles. Les hommes, les femmes, les enfants montraient la plus vive émotion et laissaient couler des larmes en apprenant la triste réalité. Les grands vicaires, M. le curé de Saint-

Antoine, les autres prêtres présents, y ajoutaient le récit des paroles admirables par lesquelles le bon pasteur les conjurait de déposer les armes et de profiter du délai qui venait de leur être accordé pour faire leur soumission ; on leur répétait surtout le vœu si ardent du pontife blessé à mort : « Que mon sang soit le dernier versé. » Ils baissaient la tête avec une vive douleur, et nous ne doutons pas que l'impression profonde produite dans l'immense faubourg par le dévouement pastoral, n'ait contribué pour beaucoup à rendre la dernière résistance peu longue et à hâter la pacification générale.

Vers une heure, dès que le chemin fut ouvert, l'archevêque fut placé sur un brancard fabriqué à la hâte ; des ouvriers du faubourg, des soldats, des gardes nationaux, réunis par une affection et des regrets communs, ne se disputaient plus que l'honneur de porter ce précieux fardeau. Un cortége formé à la hâte de soldats et d'officiers des différents corps se mit en marche avec les prêtres, les médecins, les serviteurs du prélat : une longue haie de peuple pénétré de respect, de douleur, d'admiration, la garde nationale et les troupes pleines des mêmes sentiments, et rendant les honneurs militaires, l'accueillaient sur son passage. On se jetait à genoux et l'on faisait le signe de la croix comme devant les reliques d'un martyr. Des prêtres accourus de tous les points de Paris le reçurent à l'archevêché tout baignés de larmes, mais aussi tout fiers de la gloire si sainte de leur pontife. Paris tout entier partageait ce double sentiment, et au milieu de si grands malheurs, ce malheur semblait dominer tous les autres. La paix, la sérénité, la piété de l'archevêque étaient toujours les mêmes, à mesure que le mal faisait de plus profonds ravages. Il bénissait les soldats de son escorte, tombés à genoux autour de son lit ; il répondait à ses grands vicaires et aux membres de son chapitre, de son clergé, de ses séminaires, se pressant tous autour de lui, « que ce n'était pas pour sa gué- « rison qu'il fallait prier, mais pour que sa mort « fût sainte. » Il baisait souvent avec piété un crucifix qu'on lui présentait, en lui rappelant que c'était le Souverain Pontife qui le lui avait envoyé comme un gage de sa tendresse paternelle, et qui y avait attaché des indulgences pour l'article de la mort.

Les plus illustres médecins et chirurgiens de la capitale avaient inutilement été appelés : tout espoir était perdu. Son agonie commença le mardi, vers midi. Depuis ce moment jusqu'à quatre heures et demie, heure de sa mort, les prières de la recommandation de l'âme furent récitées à travers les sanglots d'une nombreuse assistance de prêtres, de gardes nationaux, d'hommes de toutes les conditions. Quand enfin le saint archevêque eut rendu le dernier soupir, un des grands vicaires ayant rappelé aux prêtres présents, et tous baignés de larmes, quelques-unes des plus touchantes paroles du martyr de la charité, tous étendirent la main sur son corps et jurèrent de consacrer à son exemple, leur vie et jusqu'à la dernière goutte de leur sang pour la gloire de Dieu et le salut de leurs frères.

CHAPITRE IX.

Funérailles de l'Archevêque de Paris.

La nouvelle de la blessure de l'archevêque de Paris avait produit la plus douloureuse impression dans le sein de l'Assemblée nationale. L'annonce de sa mort surtout provoqua une explosion de sentiments douloureux. L'Assemblée sous le poids de ces sentiments, rendit un solennel hommage au bon pasteur qui venait de sacrifier sa vie à celle de son administration. Tous s'associèrent à cet hommage, les incrédules comme les indifférents, les protestants et les juifs. Dans ce premier mouvement, l'Assemblée nationale voulut consacrer, par un souvenir plus durable que celui des regrets, cette mort qui devait être pour la France un enseignement perpétuel du dévouement et de l'héroïsme ; elle décréta qu'un monument serait élevé à Mgr Affre, d'après un concours public entre les plus habiles statuaires. Seulement par un manque de tact que nous avons peine à comprendre, elle choisit le Panthéon comme le lieu le plus propre à recevoir et à conserver ce monument funéraire. Les cœurs catholiques s'émurent en apprenant cette nouvelle. Le Panthéon, cette ancienne église catholique, profanée par les orgies révolutionnaires, cette nécropole souillée, où reposaient encore les cendres de Voltaire et de Rousseau, était-il bien convenable pour recevoir le témoignage écrit sur le marbre du dévouement catholique ? Les vicaires généraux, qui s'étaient associés à la démarche héroïque de leur archevêque, MM. Ravinet et Jacquemet se firent l'écho d'un sentiment aussi respectable et le transmirent dans une lettre respectueuse à l'appréciation de l'Assemblée. Ils donnèrent à entendre que la métropole de Notre-Dame, qui avait vu la consécration de Mgr Affre, le sanctuaire révéré, où il avait prié pour la France et donné pendant huit années l'exemple béni de la piété archiépiscopale, conviendrait bien mieux que le Panthéon, pour recevoir et ses cendres et le monument du prélat. L'Assemblée se rendit aussitôt à ces observations si pleines de convenance.

Quelques membres proposèrent une seconde disposition, un second témoignage public des regrets sympathiques du pays. Ils voulaient qu'à la place même où l'archevêque avait été frappé, on inscrivît sur une plaque de marbre noir et en lettres d'or la date du martyre, avec ces paroles prononcées sur le lit d'agonie : *Que mon sang soit le dernier versé ; bonus pastor dat vitam suam pro ovibus suis.* Cette plaque, disaient-ils, rappellera aux passants un sublime exemple, et aux habitants du faubourg St-Antoine, les tristes conséquences d'une lutte sacrilége. Ce vœu ne fut pas écouté ; on craignit justement de rappeler de trop de manières des évènements qu'il fallait mieux ensevelir dans l'oubli. Le monument de Notre-Dame dût être le seul consacré à Mgr Affre.

En attendant, le chapitre capitulaire, chargé de l'administration du diocèse pendant la vacance du siége, décida que des funérailles aussi solennelles que possible seraient faites à son premier pasteur. Un chanoine éloquent, M. l'abbé Cœur, fut chargé du soin de faire l'oraison funèbre, tâche glorieuse et triste qu'il ne devait remplir que plus tard. Tous les prêtres du diocèse furent convoqués, ainsi que les corporations religieuses. L'Assemblée nationale nomma une députation de cinquante membres destinés à la représenter à la cérémonie funèbre.

Une autre cérémonie bien imposante la précéda de quelques jours. A côte du deuil particulier de l'église de Paris qui pleurait son pasteur, il y avait le deuil de la France, qui avait perdu ses enfants de toutes les classes, de toutes les conditions et de tous les départements. A ce deuil général il fallait une manifestation publique dans laquelle devaient se confondre les regrets et les prières de tous, représentés par les autorités constituées. On ordonna donc un service funèbre sur la place de la Concorde, auquel assisterait l'Assemblée nationale tout entière, ainsi que des députations de l'armée, de la garde nationale et de toutes les classes de citoyens. Jamais cérémonie plus imposante ne fut célébrée au sein de Paris. Sur cette même place où la tête de Louis XVI était tombée, où tant d'holocaustes sanglants avaient été offerts à la terreur, où le triomphe de l'impiété révolutionnaire avait éclaté dans le drame prolongé de la guillotine, l'auguste victime fut offerte à Dieu, dans le sacrifice de paix et d'amour, par Mgr Parisis, évêque de Langres. Certes, ce fut pour la religion un beau jour, et pour toutes les âmes chrétiennes une consolation bien douce au milieu de tant de calamités funestes.

Les funérailles de Mgr Affre avaient été fixées au vendredi 7 juillet. Le 5, l'annonce d'une nouvelle mort se répandit dans Paris, M. de Chateaubriand n'était plus. Il venait de s'éteindre, à l'âge de 80 ans, aux derniers retentissements de la lutte meurtrière qui déchirait la patrie, comme si toutes les douleurs s'étaient données rendez-vous dans le même temps, pour accabler la France. On nous pardonnera certainement ici une petite disgression sur le grand écrivain catholique dont notre Eglise s'honorait non moins que la patrie. Il n'est pas inutile du reste à propos de Mgr Affre de consacrer un souvenir à celui qu'on pouvait appeler le plus grand, le plus glorieux de ses enfants dans la foi et la communion catholique;

M. de Châteaubriand était né dans cette fameuse année 1769 qui a produit tant d'hommes célèbres, Napoléon, et le vainqueur de Waterloo. Jeune encore, après quelques années passées dans l'exil, les camps, les voyages lointains au sein des grandes forêts d'Amérique et des créations les plus sublimes de Dieu, il avait entrepris de réhabiliter cette religion qu'on disait agonisante dans le sang de ses prêtres, d'en montrer les beautés morales et les beautés poétiques, mises en parallèle avec les farces ridicules du culte de la raison et du culte théophilantrope ; et cette entreprise il l'avait réalisée dans ce livre immortel qu'on appelle le *Génie du Christianisme.* Plus tard, il avait opposé dans ses *Martyrs*, l'amour chrétien, le dévouement de la foi, aux passions brutales que les romans du 18e siècle étalaient dans leurs pages, aux enthousiasmes irréfléchis de la gloire humaine. Nommé fonctionnaire public par le premier Consul, il avait su donner sa démission pour protester contre l'assassinat du duc d'Enghien, et avait entrepris au tombeau du Sauveur ce pélerinage qui nous a valu *l'Itinéraire de de Paris à Jérusalem*. La restauration était arrivée, M. de Chateaubriand l'avait servie avec autant d'éclat que d'indépendance, soit dans les ministères, seit dans les ambassades, soit dans l'opposition à la chambre des Pairs en face des tentations aveugles du pouvoir contre la liberté. En 1830, il avait protesté contre la violation du droit qui avait la prétention de redresser le droit violé, contre l'élévation au trône d'un prince parjure. Retiré dans la vie privée, il en sortait de temps à autre, pour faire entendre à la France, dans une lettre, dans une prophétie, dans une de ces brochures comme il savait les faire, ses devoirs, ses destinées et ses fautes. Puis le jour où la patrie avait vu le plus pur de son sang versé par des mains fratricides, affaissé sur lui-même, l'âme troublée de noirs pressentiments, mais fortifié dans la foi, dans l'espérance et dans l'amour, M. de Chateaubriand était mort. Ses funérailles devaient avoir lieu le lendemain de celles de l'archevêque de Paris. Revenons à ce triste jour.

Il était arrivé.

A neuf heures, le chapitre, le clergé paroissial du diocèse, les membres des communautés ecclésiastiques et des séminaires, les Frères de la doctrine chrétienne, les diverses congrégations religieuses, etc., réunis dans l'église Notre-Dame, sortirent processionnellement pour se rendre au palais archiépiscopal, où la levée du corps fut faite par le président du chapitre.

Mgr l'archevêque, revêtu de ses habits pontificaux, coiffé de la mître, le visage découvert, était placé sur une espèce de litière découverte portée sur l'épaule, tantôt par des prêtres, tantôt par des gardes nationaux, tantôt par des soldats : le char funèbre avait été renvoyé ; chacun se disputait l'honneur de soutenir ces sacrées dépouilles. La tête du prélat avait conservé une admirable expression de sérénité ; il semblait que la mort la respectât et n'osât pas la flétrir. Le convoi se mit en marche immédiatement après les premières prières, précédé par un détachement de dragons.

Les membres des communautés ecclésiastiques, les Frères des écoles chrétiennes et les élèves de ces écoles, les congrégations religieuses de femmes, le clergé paroissial du diocèse et des membres du clergé des diocèses voisins, en surplis ou en rochet avec la barrette, précédaient le corps, derrière lequel se trouvait la grande députation de l'Assemblée nationale, ayant à sa tête M. Marie président, et à laquelle s'était joint un très-grand nombre de représentants du peuple. On remarquait dans le cortége les autorités de la ville de Paris, des députations de divers corps de magistrature, des écoles, de l'artillerie, et des députations d'ouvriers. Les cordons du poêle étaient tenus par quatre évêques ; un cinquième évêque présidait à la cérémonie comme officiant. Quatre autres pontifes étaient présents.

Le corps, le deuil représenté par l'Assemblée nationale, et les blessés de Février qui venaient après la grande députation, étaient précédés et suivis par des porte-bannières, en avant desquels était porté le rameau dont s'était servi l'illustre défunt pour aller présenter des paroles de paix sur les barricades, es une palme, symbole du martyr. La marche était fermée par un second détachement de dragons.

Le cortége, en quittant le palais archiépiscopal, traversa ou suivit processionnellement les rues Saint-Louis-en-l'Ile, des Deux-Ponts, le pont Marie, le quai de la Grève, le pont Notre-Dame, le quai aux Fleurs, les rues de la Barillerie, du Marché-Neuf et de Notre-Dame, et entra à l'église métropolitaine par la place du Parvis, à onze heures environ.

Sur tous les points une foule immense, pensive et recueillie ; le peuple surtout était frappant par son attitude : ces hommes, ces femmes se signaient, et leurs yeux étaient pleins de larmes. Du plus loin qu'on apercevait le corps, toutes les têtes se découvraient : le silence était profond, on n'entendait que le chant des prêtres.

Arrivé au seuil du temple, le cortége s'arrêta, la foule a voulu faire toucher au corps du pontife ce qu'elle avait de plus précieux : les officiers et les soldats ont fait toucher leurs armes ; un évêque les prenait de leurs mains et les plaçait sur ce corps vénéré. Ceux qui ont assisté à cette scène ne l'oublieront jamais. Ce n'était plus un convoi funèbre, on eût dit une translation de reliques. Les Français, même ceux qui ne croient pas l'être, sont catholiques jusqu'au fond des entrailles.

Les abords de la place étaient gardés par les troupes. A l'intérieur, deux rangs de gardes nationaux couvraient la ligne qui s'étendait jusqu'à la nef. Au milieu s'élevait un catafalque tendu de noir, et près duquel quelques représentants avaient pris place. Derrière et dans la nef, on voyait aussi quelques membres du clergé. L'église était tendue de noir, avec des inscriptions où on lisait cette devise si bien consacrée par le sublime dévoûment de l'Archevêque : *Bonus pastor dat auimam suam pro ovibus suis.*

La procession s'avança en chantant des psaumes. Le clergé marcha sur quatre rangs, défila des deux côtés du catafalque et se rendit dans le cœur qu'il remplît tout entier. Sur une bannière on remarquait ces mots : *Je désire que mon sang soit le dernier versé; que la paix soit avec vous.*

Des gardes nationaux de la 2e légion portèrent le corps au haut du catafalque. La messe funèbre commença à onze heures et demie. Il est à regretter qu'on n'ait pas laissé entrer les personnes qui ne faisaient pas partie du cortége. Le peuple, réuni en foule sur la place, se plaignait, et il avait d'autant plus raison que bien des places encore étaient vides sur les bas-côtés.

Parmi les représentents, on remarquait MM. de La Mennais, Dupin, Berryer, de Montalembert, de Larochejaquelein, etc., et non loin d'eux les ambassadeurs d'Autriche et d'Angleterre. Les chants ont été psalmodiés en faux-bourdon par cinq cents exécutants. Un mottet a été exécuté par M. Alexis Dupont. Une douleur pieuse et recueillie s'étendait sur toute l'assistance. Pas une note d'orgue, pas un instrument ne s'est fait entendre. Rien que des voix humaines et le sombre roulement des tambours.

Mgr l'évêque de Meaux officiait : S. Exc. Mgr Fornari, archevêque de Nicée et nonce apostolique, a fait la première absoute. NN. SS. les évêques d'Orléans, de Versailles, d'Amatha, de Beauvais, de Langres, de Quimper et de Nevers étaient présents.

M. Marie, président de l'Assemblée nationale, et après lui M. Vaulabelle, ministre des cultes et de l'instruction publique, et M. Marrast, maire de Paris, ont les premiers jeté l'eau bénite ; il était deux heures quand a fini la cérémonie.

Le cœur du Prélat, en vertu d'une disposition particulière de son testament, avait été remis aux directeurs de la maison des Carmes, pour y être conservé au milieu de tous les souvenirs glorieux que le 2 septembre avait laissés dans cette maison, et y repose avec les corps de tant d'autres martyrs.

CONCLUSION.

Nous avons raconté sommairement une belle vie; nous l'avons fait sans exagération, sans images. Nous avons traduit en lignes trop courtes les regrets, les sympathies de la France. Maintenant qu'il nous soit permis de le dire à nos lecteurs, la conclusion naturelle de cette vie doit être l'imitation des vertus de Mgr Affre, de sa bonté, de son ardent amour pour la foi. Tous ne peuvent pas être martyrs, c'est un sacrifice que Dieu réserve aux âmes d'élite; mais tous peuvent s'inspirer d'un sublime exemple et concevoir de saintes résolutions. Mgr Affre n'est pas de ces héros du paganisme que les poètes chantaient, que la foule plaçait dans les cieux, et que personne ne se souciait de copier. C'est un chrétien, c'est un saint qu'on doit admirer, qu'on doit prier et surtout imiter.

www.ingramcontent.com/pod-product-compliance
Lightning Source LLC
LaVergne TN
LVHW052108090426
835512LV00035B/1317